하루 한장

예쁜 손글씨 연습장

글 **어린이독서사랑연구회**

엠앤키즈

하루 한 장 예쁜 손글씨 연습장

초판 1쇄 인쇄 2020년 7월 10일
초판 6쇄 발행 2024년 8월 14일

글 어린이독서사랑연구회

펴낸곳 M&K
펴낸이 구모니카
마케팅 신진섭
등록 제7-292호 2005년 1월 13일
주소 경기도 고양시 일산서구 고양대로 255번길 45, 903동 1503호(대화동, 대화마을)
전화 02-323-4610
팩스 0303-3130-4610
E-mail sjs4948@hanmail.net
Blog http://blog.daum.net/mnk

ISBN 979-11-87153-78-8

※ 값은 뒤표지에 있습니다. 잘못된 책은 바꾸어 드립니다.

목차

1. 글자 획 순서에 맞게 쓰기 ··· 14
2. 큰 글씨로 가로 구조 따라 쓰기 ··· 24
3. 큰 글씨로 세로 구조 따라 쓰기 ··· 30
4. 큰 글씨로 가로형 단어 따라 쓰기 ··· 36
5. 큰 글씨로 세로형 단어 따라 쓰기 ··· 38
6. 큰 글씨로 받침형 단어 따라 쓰기 ··· 40
7. 문장 부호 쓰기 ··· 51
8. 같은 높이로 문장 쓰기 ··· 53
9. 숫자 & 알파벳 글씨 따라 쓰기 ··· 71
10. 영어 단어 쓰기 ··· 83
11. 노래 가사 따라 쓰기 ··· 96
12. 가로세로 낱말 퍼즐 ··· 106

글씨 쓰기는 모든 공부의 첫 걸음입니다.

세상에는 제각기 다른 얼굴이 있듯이 글씨 또한 모양새가 다릅니다.

글씨는 남들이 보기에 이쁘거나 반듯하거나 물론 글씨체가 이쁘고 반듯하면 훨씬 좋겠지요.

한 글자 한 글자에 정성을 들여 쓰면 읽기와 집중력 향상에 도움이 되고 숨은 능력을 이끌어 내는 힘도 길러집니다.

그럼 어떻게 하면 글씨를 이쁘고 잘 쓸 수 있을까요?

글씨는 손으로만 무작정 쓰는 것이 아니라 머릿속으로 글자 이미지를 생각하여 종이에 씁니다. 하루에 10분정도 머릿속의 글자 이미지를 의식하여 자주 연습한다면 아마도 어느새 자기 자신도 모르게 반듯하고 이쁜 글씨체를 가지게 될 거예요.

연필을 가지고 틈틈이 글씨 연습과 그림 그리기를 하면 더욱 효과적입니다.

글씨 쓰기는 모든 공부의 첫 걸음입니다.

글씨 연습 하기전에

연필을 바르게 잡아요. HB 연필을 사용하세요!

4B 2B B HB H 2H 4H

← 글씨가 굵고 진하다   글씨가 연하고 가늘다 →

2B나 4B보다 HB 연필이 알맞아요.

글씨 연습을 할 때는 연필로 시작하는 것이 좋아요. 볼펜은 미끌미끌하고, 샤프펜슬은 심이 잘 부러져 선을 긋기에 좋지 않아요. 하지만 연필심은 매우 단단해 손끝에 힘을 주기 좋고 선을 잘 그을 수 있어요.

먼저 연필을 엄지와 검지로 모아 쥐여주세요.
그리고 가볍게 가운뎃손가락으로 연필을 받치고
연필 끝에서 2~3센치 떨어진 곳을 잡아주세요.
이때 연필의 기울기는 60~70도 사이로 잡아주세요.

연필을 너무 세워 쥐지 않으며 너무 세게 쥐지도 말아 주세요!
연필을 세우면 힘이 분산되어 글씨가 흐릿하게 써지고 연필을 세게 쥐면 손이 움직일 수 있는 공간이 좁아져 선이 삐뚤게 나온답니다.
연필을 너무 짧게 쥐면 쓴 글씨가 잘 보이지 않아 자세가 안 좋아지고 글씨는 작아져요.

글씨 연습을 할 때는 (오른손잡이 기준)

❶ 허리를 곧게 편다.
❷ 얼굴이 종이에 너무 가까워지지 않도록 한다.
❸ 왼손의 손바닥은 종이를 가볍게 눌러 잡아 준다.
❹ 오른쪽 팔꿈치를 책상에 올리지 않고 글씨 연습을 한다.

준비 됐지?

★ **선이 반듯해야 글씨가 좋아져요.**

선만 반듯하게 잘 그을 수 있어도 글씨가 확 달라져요. 글자는 모두 선으로
이루어져 있기 때문이지요. 가로선, 세로선, 사선, 동그라미, 다양한 선 긋기를 해 보세요.

가로선 긋기

 세로선 긋기

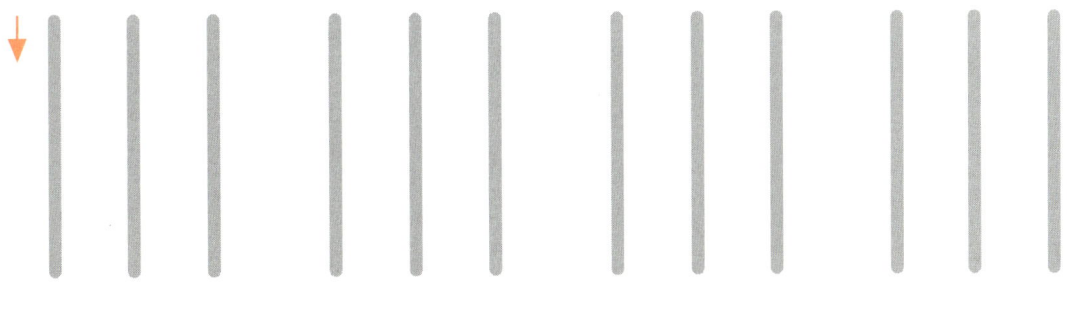

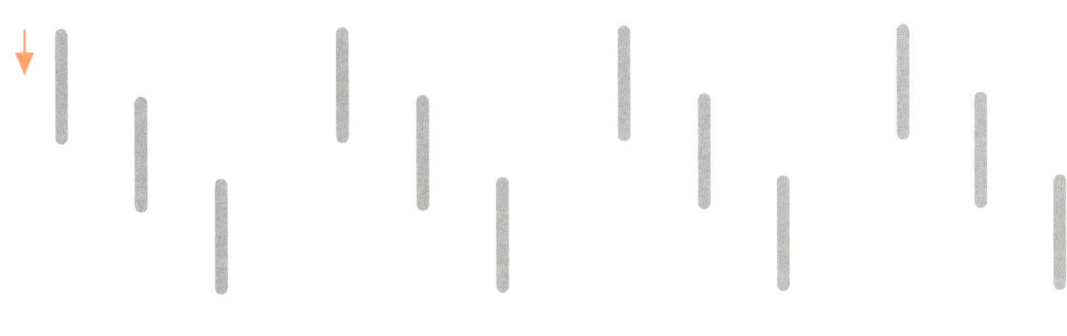

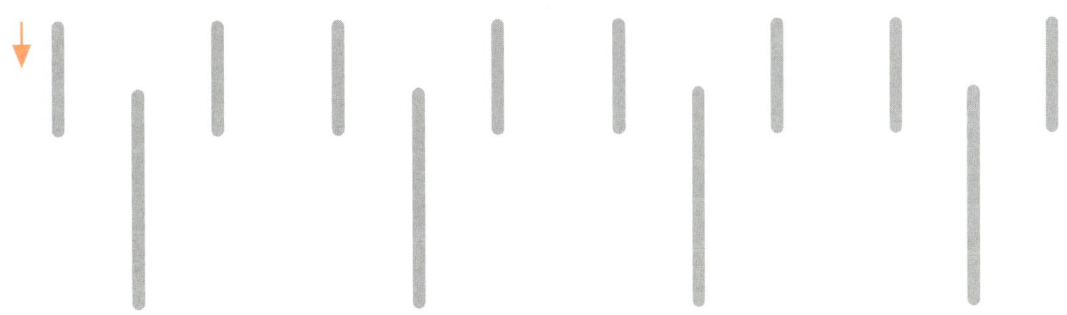

사선 긋기

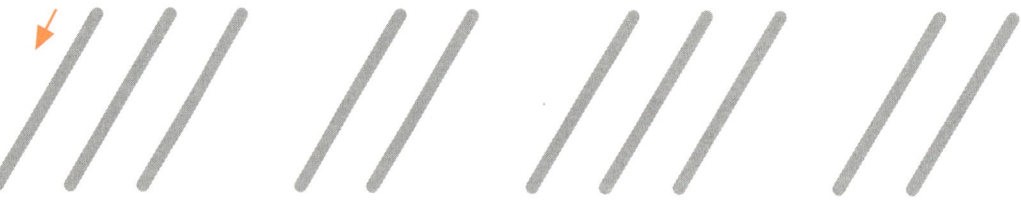

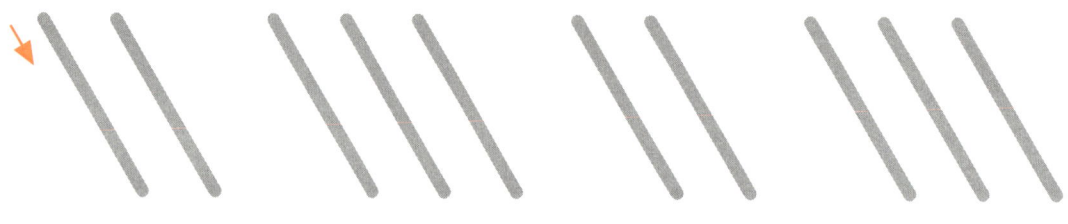

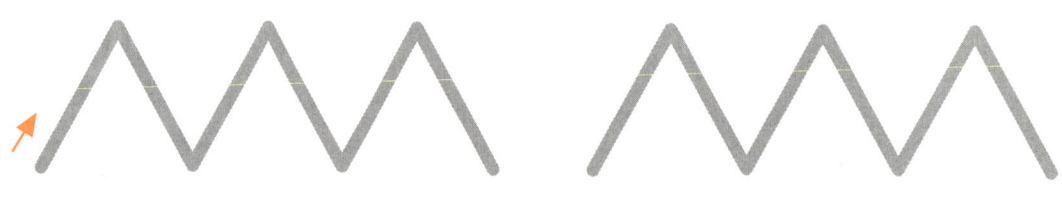

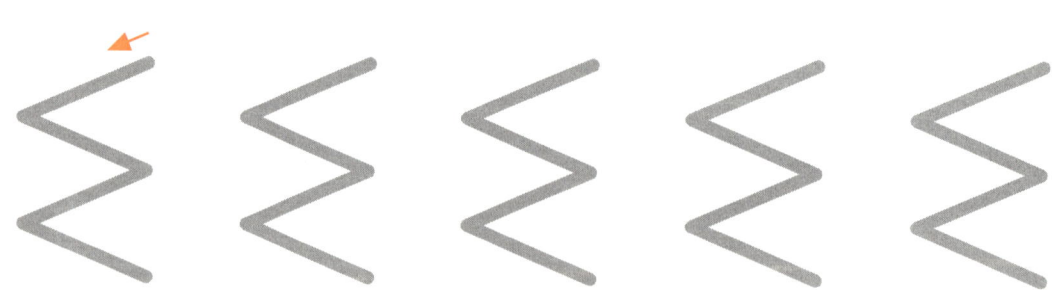

둥근 선 긋기

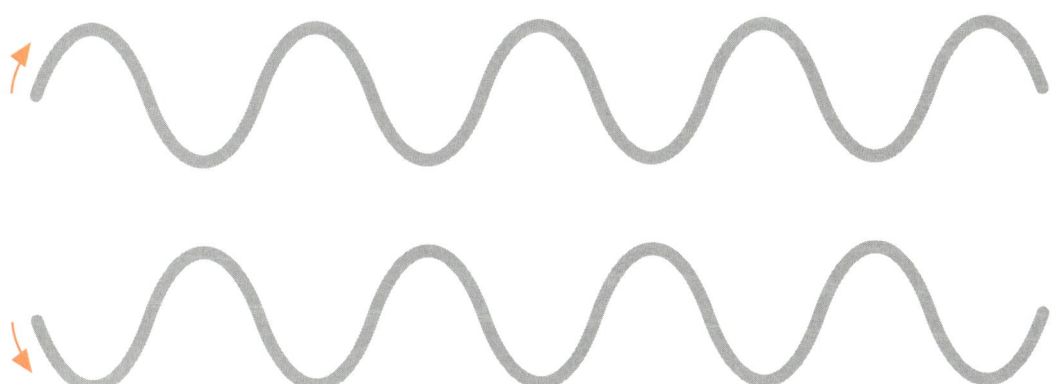

다양한 도형 긋기

1. 글자 획 순서에 맞게 쓰기

글자는 쓰는 순서에 따라 써야 글자를 보다 쉽고, 빠르게 그리고 보기 좋게 쓰는 데 도움이 됩니다.

글자는 쓰는 순서를 획순이라고 해요. 획순은 몇 가지 원칙이 있어서 한 번 제대로 익혀 두면 글자를 쓰는 데 많은 도움이 될 거예요.

❶ 위에서 아래로 ↓
❷ 왼쪽에서 오른쪽으로 →
❸ 가로에서 세로로ㅜ

획순에 맞게 자음 14개부터 한번 써 보세요.

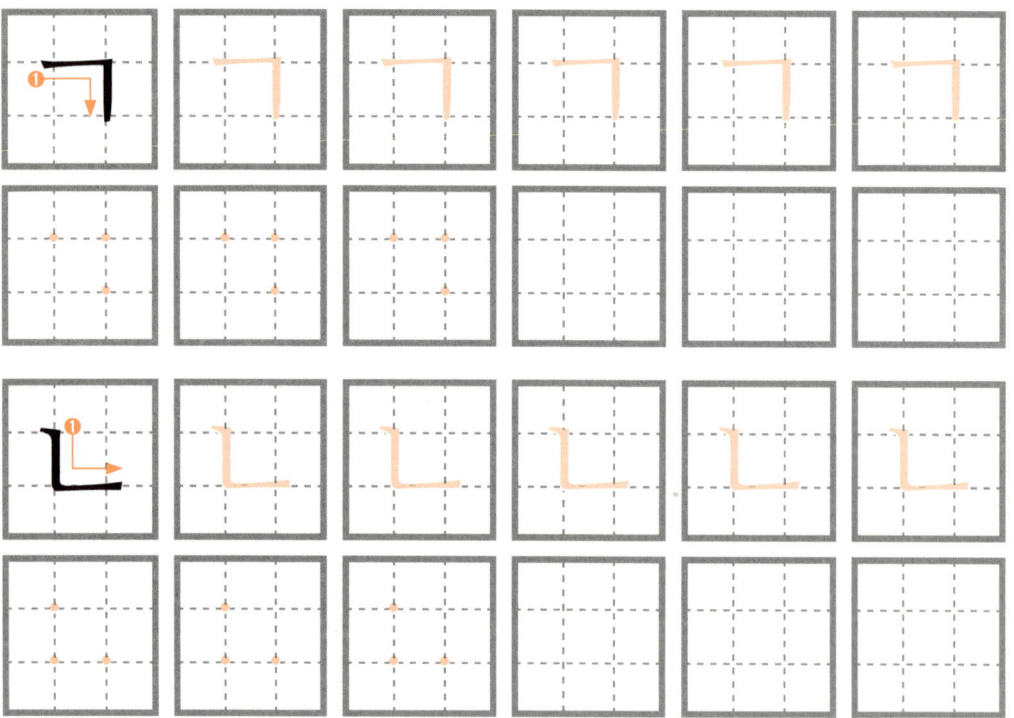

ㄷ	ㄷ	ㄷ	ㄷ	ㄷ	ㄷ
ㄹ	ㄹ	ㄹ	ㄹ	ㄹ	ㄹ
ㅁ	ㅁ	ㅁ	ㅁ	ㅁ	ㅁ
ㅂ	ㅂ	ㅂ	ㅂ	ㅂ	ㅂ

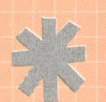

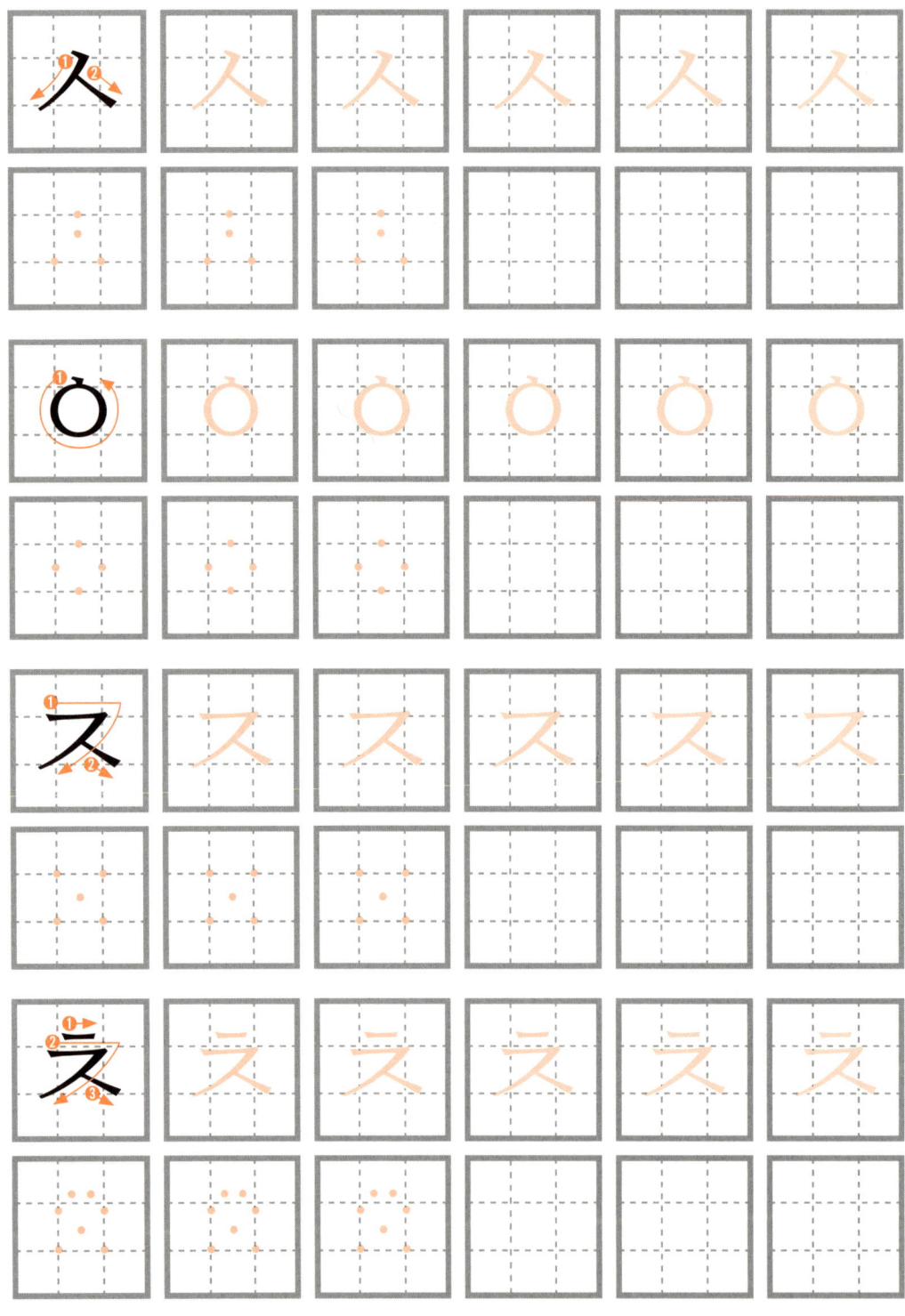

ㅋ	ㅋ	ㅋ	ㅋ	ㅋ	ㅋ
ㅌ	ㅌ	ㅌ	ㅌ	ㅌ	ㅌ
ㅍ	ㅍ	ㅍ	ㅍ	ㅍ	ㅍ
ㅎ	ㅎ	ㅎ	ㅎ	ㅎ	ㅎ

획순에 맞게 모음 10개부터 한번 써 보세요.

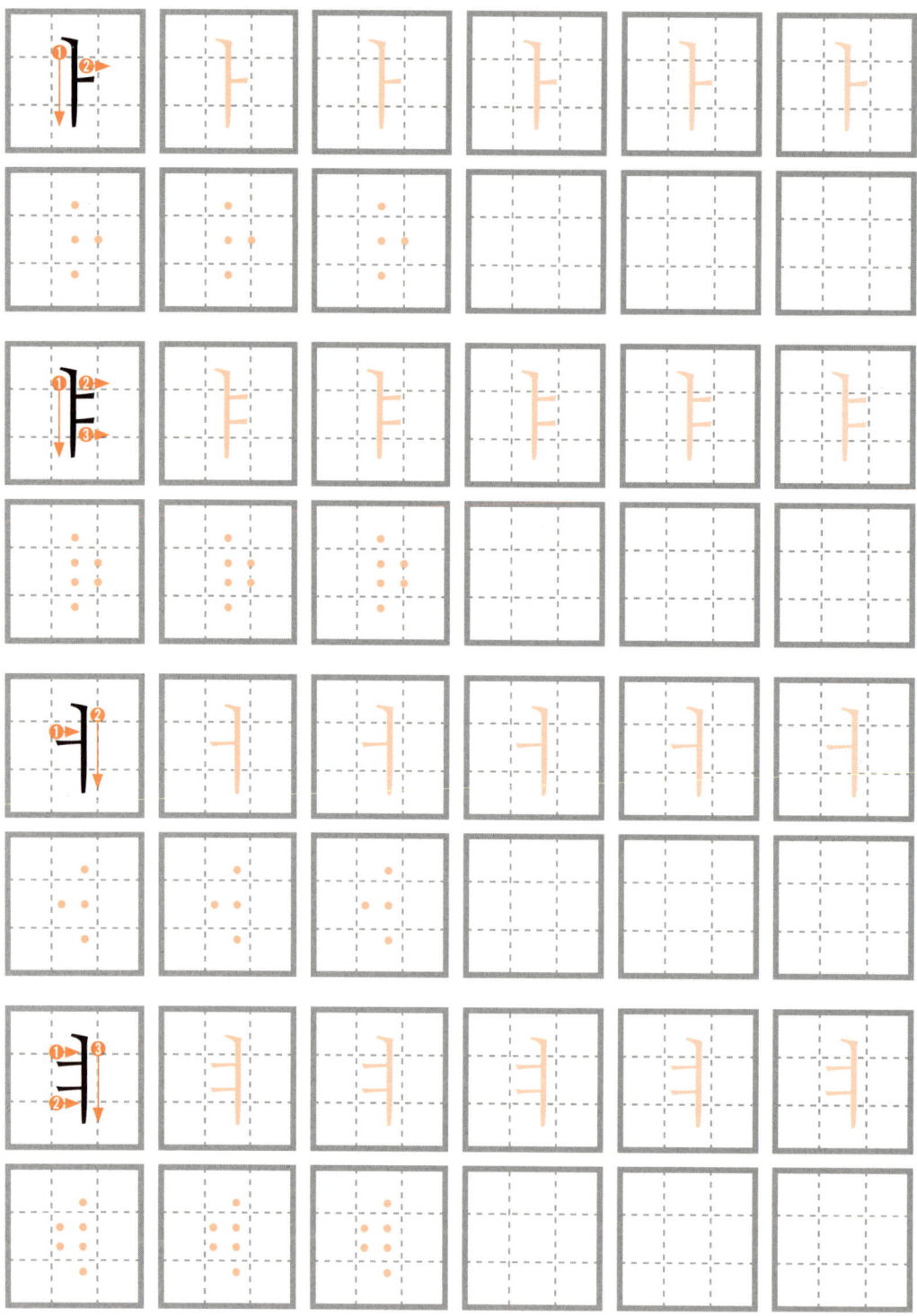

ㅗ	ㅗ	ㅗ	ㅗ	ㅗ	ㅗ
ㅛ	ㅛ	ㅛ	ㅛ	ㅛ	ㅛ
ㅜ	ㅜ	ㅜ	ㅜ	ㅜ	ㅜ
ㅠ	ㅠ	ㅠ	ㅠ	ㅠ	ㅠ

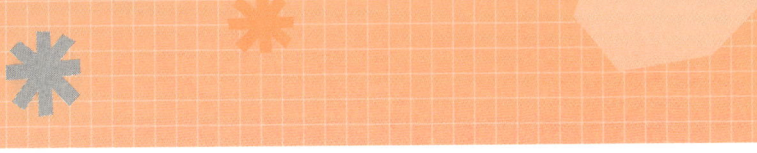

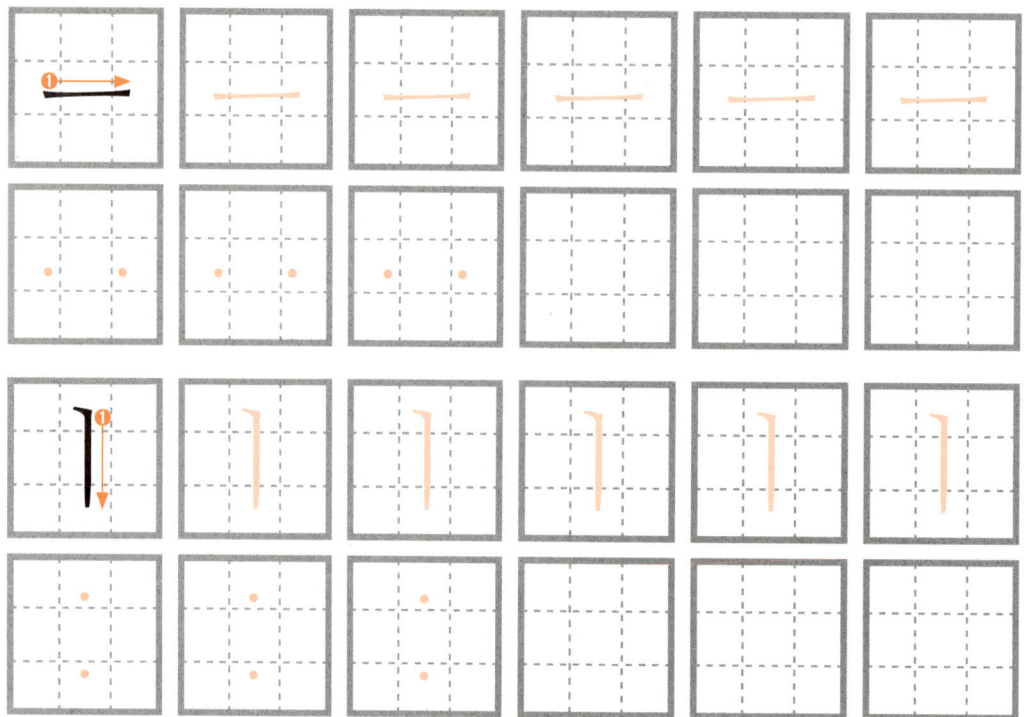

모음과 모음이 합쳐진 글자 이중모음 11개를 한번 써 보세요.

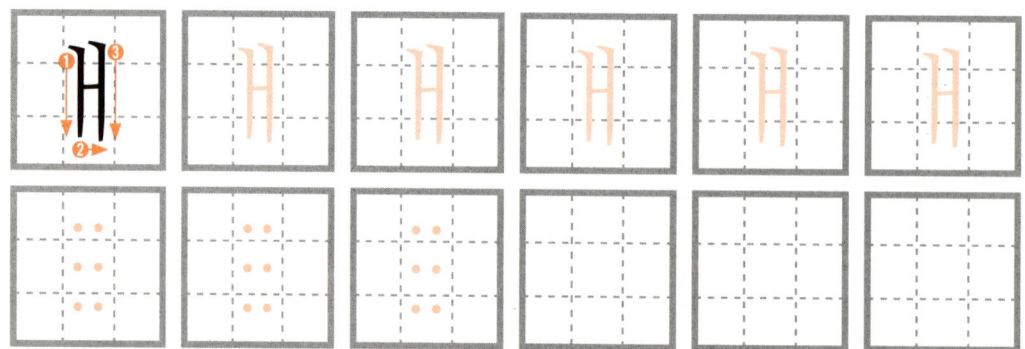

ㅒ ㅒ ㅒ ㅒ ㅒ ㅒ

ㅔ ㅔ ㅔ ㅔ ㅔ ㅔ

ㅖ ㅖ ㅖ ㅖ ㅖ ㅖ

ㅘ ㅘ ㅘ ㅘ ㅘ ㅘ

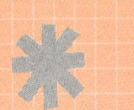

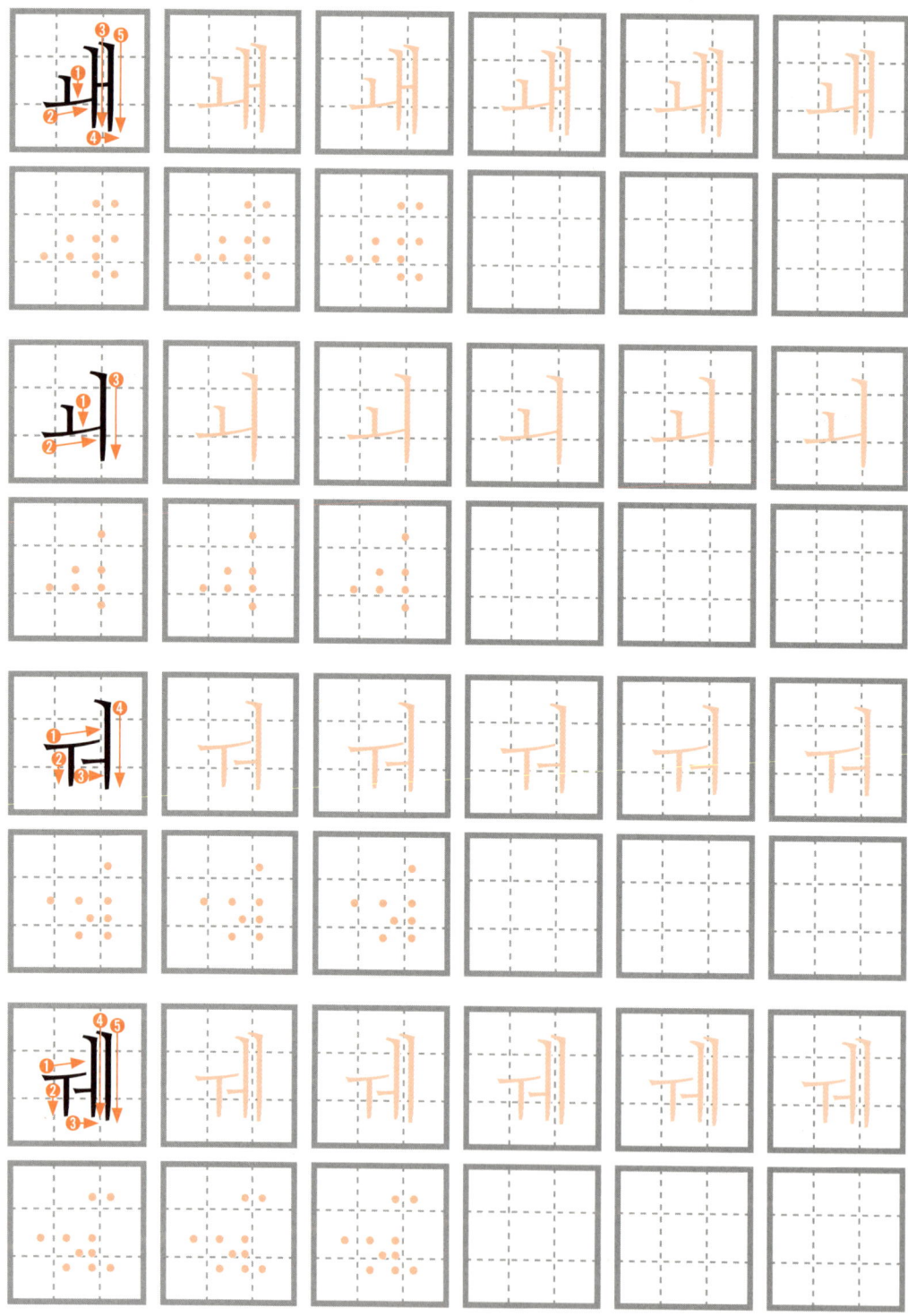

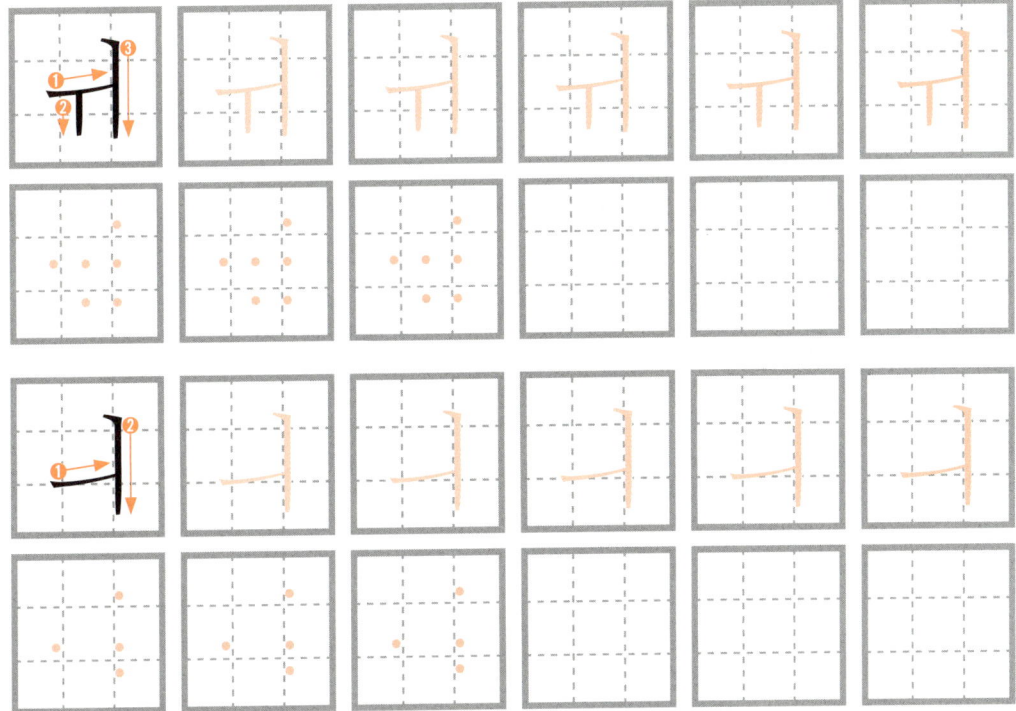

또박또박
순서대로 천천히!

2. 큰 글씨로 가로 구조 따라 쓰기

받침이 없는 가로 구조 연습이에요.
가로 모음 ㅗ, ㅛ, ㅜ 연습이에요.

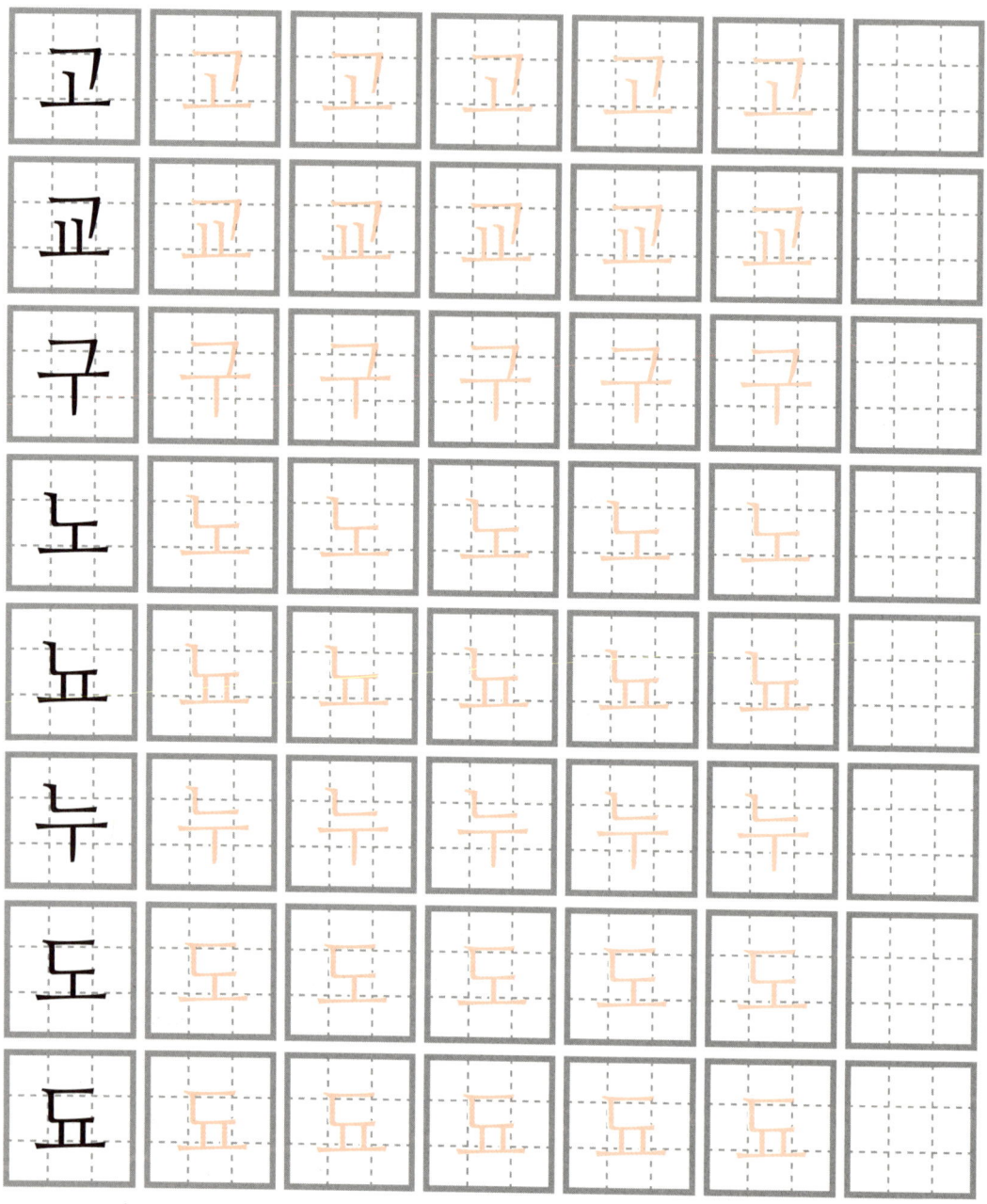

받침이 없는 가로 구조 연습이에요.
가로 모음 ㅗ, ㅛ, ㅜ, ㅡ 연습이에요.

받침이 있는 가로 구조 연습이에요.
위아래 자음의 크기가 비슷하게 써보세요.

곰	곰	곰	곰	곰	곰	
문	문	문	문	문	문	
궁	궁	궁	궁	궁	궁	
농	농	농	농	농	농	
눈	눈	눈	눈	눈	눈	
놈	놈	놈	놈	놈	놈	
돔	돔	돔	돔	돔	돔	
돌	돌	돌	돌	돌	돌	

받침이 있는 가로 구조 연습이에요.
위아래 자음의 크기가 비슷하게 써보세요.

룸	룸	룸	룸	룸	룸	
묵	묵	묵	묵	묵	묵	
못	못	못	못	못	못	
손	손	손	손	손	손	
운	운	운	운	운	운	
옹	옹	옹	옹	옹	옹	
콘	콘	콘	콘	콘	콘	
홍	홍	홍	홍	홍	홍	

쌍자음이 있는 가로 구조 연습이에요.
쌍자음 ㄲ, ㄸ, ㅃ 연습이에요.

꼬	꼬	꼬	꼬	꼬	꼬	
끄	끄	끄	끄	끄	끄	
꾸	꾸	꾸	꾸	꾸	꾸	
뜨	뜨	뜨	뜨	뜨	뜨	
뚜	뚜	뚜	뚜	뚜	뚜	
뽀	뽀	뽀	뽀	뽀	뽀	
뿌	뿌	뿌	뿌	뿌	뿌	
쁘	쁘	쁘	쁘	쁘	쁘	

쌍자음이 있는 가로 구조 연습이에요.
쌍자음 ㅉ, ㄸ, ㅆ 연습이에요.

쪼	쪼	쪼	쪼	쪼	쪼	
쪼	쪼	쪼	쪼	쪼	쪼	
쭈	쭈	쭈	쭈	쭈	쭈	
또	또	또	또	또	또	
뚀	뚀	뚀	뚀	뚀	뚀	
뜌	뜌	뜌	뜌	뜌	뜌	
쓰	쓰	쓰	쓰	쓰	쓰	
쏘	쏘	쏘	쏘	쏘	쏘	

3. 큰 글씨로 세로 구조 따라 쓰기

받침이 없는 세로 구조 연습이에요. 세로 모음 ㅏ, ㅓ, ㅣ 연습이에요.
세로 모음 글자는 왼쪽 자음이 너무 크게 쓰지 않도록 하는 게 좋아요.

받침이 없는 세로 구조 연습이에요. 세로 모음 ㅏ, ㅓ, ㅕ, ㅣ 연습이에요.
세로 모음 글자는 왼쪽 자음이 너무 크게 쓰지 않도록 하는 게 좋아요.

히	히	히	히	히	히	
허	허	허	허	허	허	
서	서	서	서	서	서	
사	사	사	사	사	사	
며	며	며	며	며	며	
머	머	머	머	머	머	
지	지	지	지	지	지	
져	져	져	져	져	져	

받침이 있는 세로 구조 연습이에요.
자음과 모음의 간격을 적절히 유지하는 게 좋아요.
받침이 있는 글자는 윗자리로 붙여 쓰지 않도록 하는 게 좋아요.

받침이 있는 세로 구조 연습이에요.
자음과 모음의 간격을 적절히 유지하는 게 좋아요.
받침이 있는 글자는 윗자리로 붙여 쓰지 않도록 하는 게 좋아요.

식 식 식 식 식 식
성 성 성 성 성 성
적 적 적 적 적 적
잣 잣 잣 잣 잣 잣
첨 첨 첨 첨 첨 첨
택 택 택 택 택 택
컴 컴 컴 컴 컴 컴
항 항 항 항 항 항

쌍자음과 겹받침 있는 연습이에요.
쌍자음 ㅆ,ㄲ, 과 겹받침 ㄵ, ㄺ, ㄼ, ㅄ 연습이에요.
자음은 초성(글자 처음)과 종성(받침)일 때 모양이 조금 달라져요.

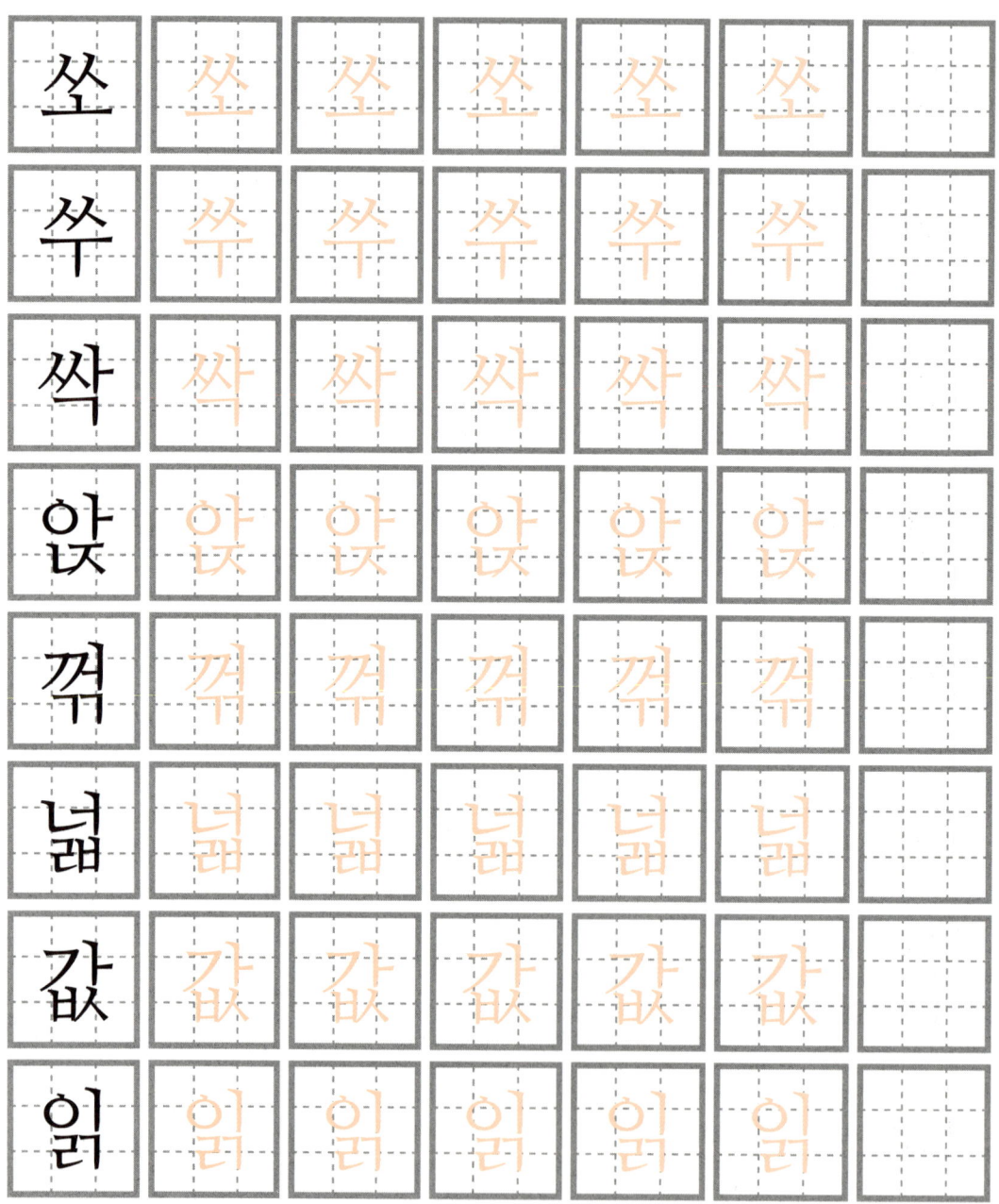

쌍자음과 겹받침 있는 연습이에요.
쌍자음 ㄲ, ㅆ, ㄸ 과 겹받침 ㄳ, ㄻ, ㅀ 연습이에요.
자음은 초성(글자 처음)과 종성(받침)일 때 모양이 조금 달라져요.

꿈	꿈	꿈	꿈	꿈	꿈	
쑥	쑥	쑥	쑥	쑥	쑥	
끓	끓	끓	끓	끓	끓	
앎	앎	앎	앎	앎	앎	
껌	껌	껌	껌	껌	껌	
뚫	뚫	뚫	뚫	뚫	뚫	
몫	몫	몫	몫	몫	몫	
엱	엱	엱	엱	엱	엱	

4. 큰 글씨로 가로형 단어 따라 쓰기

받침이 없는 가로형 단어 연습이에요.
두 글자로 된 단어를 따라 쓰면서 바른 글씨체를 익혀 보세요.

| 고추 |
| 교수 |
| 노루 |
| 노트 |
| 도구 |
| 두부 |
| 모두 |
| 부모 |

받침이 없는 가로형 단어 연습이에요.
두 글자로 된 단어를 따라 쓰면서 바른 글씨체를 익혀 보세요.

보	호	보	호		
소	포	소	포		
수	표	수	표		
우	유	우	유		
유	도	유	도		
증	류	증	류		
포	수	포	수		
호	수	호	수		

5. 큰 글씨로 세로형 단어 따라 쓰기

받침이 없는 세로형 단어 연습이에요.
두 글자로 된 단어를 따라 쓰면서 바른 글씨체를 익혀 보세요.

기 자	기 자	
거 지	거 지	
너 머	너 머	
나 비	나 비	
머 리	머 리	
미 사	미 사	
비 애	비 애	
바 지	바 지	

받침이 없는 세로형 단어 연습이에요.
두 글자로 된 단어를 따라 쓰면서 바른 글씨체를 익혀 보세요.

배려	배려	
서리	서리	
서예	서예	
어미	어미	
아이	아이	
저기	저기	
자리	자리	
하마	하마	

39

6. 큰 글씨로 받침형 단어 따라 쓰기

받침이 하나 있는 단어 연습이에요.

가 정	가 정	
고 장	고 장	
나 열	나 열	
내 용	내 용	
미 술	미 술	
마 늘	마 늘	
버 섯	버 섯	
보 물	보 물	

받침이 하나 있는 단어 연습이에요.

빙하	빙하	
산소	산소	
숫자	숫자	
암소	암소	
인도	인도	
정치	정치	
참치	참치	
탁구	탁구	

받침이 모두 있는 단어 연습이에요.

| 길 목 |
| 김 장 |
| 등 장 |
| 맞 춤 |
| 백 군 |
| 용 맹 |
| 합 격 |
| 황 금 |

받침이 모두 있는 단어 연습이에요.

복	합	복	합		
분	단	분	단		
불	꽃	불	꽃		
색	칠	색	칠		
약	국	약	국		
영	원	영	원		
운	명	운	명		
장	식	장	식		

쌍자음과 받침 하나 있는 단어 연습이에요.

껌	집
꽁	치
꾸	밈
따	분
딸	기
딱	지
씨	름
쌍	다

쌍자음과 받침 모두 있는 단어 연습이에요.

꼴	등	꼴	등		
땅	콩	땅	콩		
떡	국	떡	국		
쌀	밥	쌀	밥		
찐	빵	찐	빵		
짤	막	짤	막		
찜	질	찜	질		
쌍	벽	쌍	벽		

쌍자음과 겹받침이 있는 단어 연습이에요.

끊	다	끊	다		
꿇	다	꿇	다		
넓	이	넓	이		
짧	다	짧	다		
앉	다	앉	다		
읽	다	읽	다		
없	다	없	다		
싫	다	싫	다		

주의!

가장 많이 틀리는 맞춤법입니다. 받침도 자주 틀리는 맞춤법이지요.
어렵고 헷갈리는 단어들을 잘 기억하고 글자를 곧고 반듯하게 써 보세요.

갓난	갓난	
계란	계란	
낮잠	낮잠	
낱말	낱말	
맷돌	맷돌	
부엌	부엌	
볏집	볏집	
찻잔	찻잔	

47

어렵고 헷갈리는 어려운 단어들을 반듯하게 써 보세요.

갓길	갓길	
관계	관계	
베개	베개	
믿음	믿음	
진흙	진흙	
찌개	찌개	
폐쇄	폐쇄	
헝겊	헝겊	

어렵고 헷갈리는 좀 더 어려운 단어들을 반듯하게 써 보세요.

가	마	솥	가	마	솥			
깊	숙	이	깊	숙	이			
기	지	개	기	지	개			
돌	멩	이	돌	멩	이			
덮	치	다	덮	치	다			
뙤	약	볕	뙤	약	볕			
이	튿	날	이	튿	날			
숟	가	락	숟	가	락			

어렵고 헷갈리는 좀 더 어려운 단어들을 반듯하게 써 보세요.

재	작	년	재	작	년			
정	확	히	정	확	히			
꼿	꼿	이	꼿	꼿	이			
귀	찮	다	귀	찮	다			
눈	꺼	풀	눈	꺼	풀			
설	거	지	설	거	지			
통	째	로	통	째	로			
바	닷	가	바	닷	가			

7. 문장 부호 쓰기

글의 뜻을 명확하게 하려고 쓰는 추가적인 부호입니다.
문장의 뜻을 쉽고 이해할 수 있게 해 주는 문장 부호는 문장의 종류에 따라 쓰임이 달라요.
여러 가지 문장 부호들의 모양과 쓰임을 연습해 보세요.

마침표(.)	서술·명령·청유 따위를 나타내는 문장의 끝에 쓰거나, 아라비아 숫자로 특정한 의미가 있는 날을 표시할 때, 장, 절, 항 등을 표시하는 문자나 숫자 다음에 씁니다.
물음표(?)	의문문이나 의문을 나타내는 어구의 끝에 쓰거나, 특정한 어구의 내용에 대하여 의심, 빈정거림을 표시할 때, 적절한 말을 쓰기 어려울 때, 모르거나 불확실한 내용임을 나타낼 때에 씁니다.
느낌표(!)	감탄이나 놀람, 부르짖음, 강한 명령, 부르거나 대답할 때 씁니다.
쉼표(,)	문장의 연결 관계를 분명히 하고자 할 때, 되풀이되는 말을 피하기 위해 일정 부분을 줄여서 열거할 때, 부르거나 대답하는 말 뒤에, 한 문장 안에서 '곧' 따위의 어구로 다시 설명할 때 기타 등등, 표시할 때 씁니다.
큰따옴표(" ")	글 가운데서 직접 대화를 표시하거나 남의 말이나 글을 직접 인용할 때에 씁니다.
작은따옴표(' ')	인용한 말 안에 있는 인용한 말을 나타낼 때 쓰거나 마음속으로 한 말을 적을 때 씁니다.

마침표

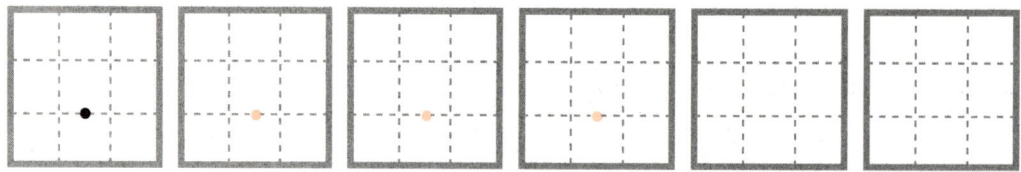

물음표

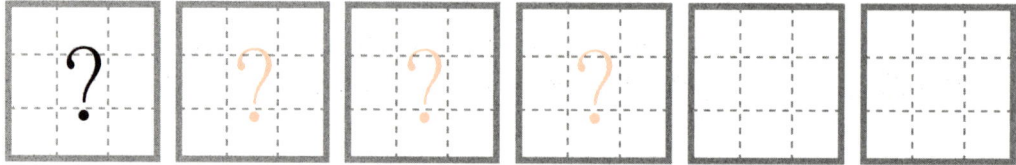

느낌표

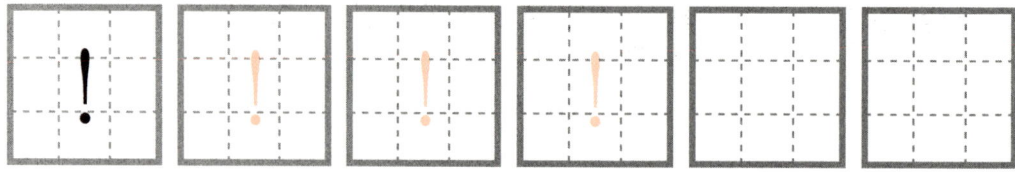

쉼표

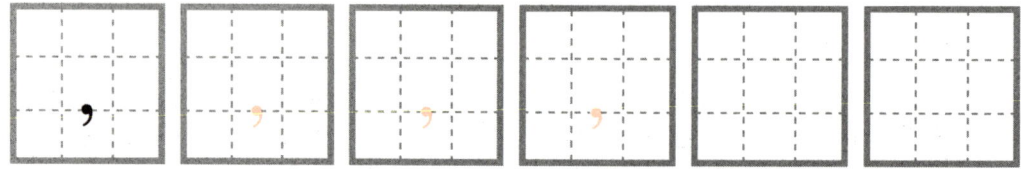

큰따옴표

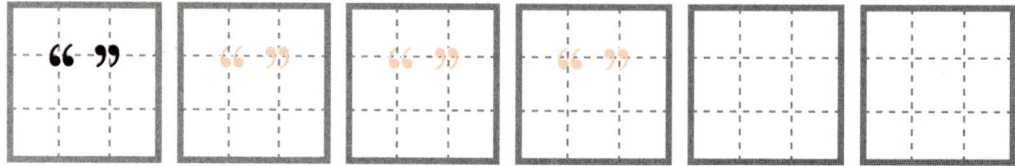

작은따옴표

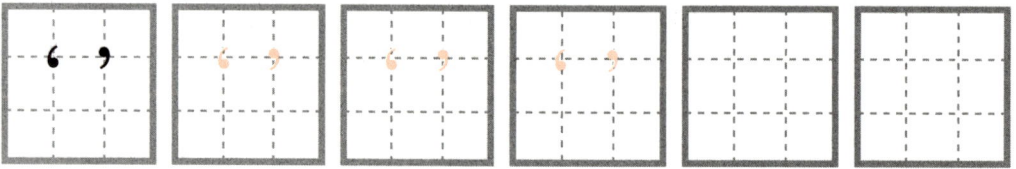

8. 같은 높이로 문장 쓰기

지금까지 정자체 쓰기 연습을 잘 따라 썼지요?
글씨를 잘 쓰려면 한 글자 한 글자 쓰는 것도 중요하지만, 단어와 문장을 가지런히 쓰는 연습도 필요해요. 글자들의 키를 맞춰 점점 커지거나 작아지거나 들쭉날쭉하지 않고 글자들의 키에 맞춰 가지런히 써 보세요.

위로 올라가는 글씨

일정한 높이로 쓴 글씨

크기가 커졌다 작아졌다 하는 글씨

크기가 똑같은 글씨

선에 맞춰 연습해보자!

고사성어 쓰기 옛이야기에서 유래한, 한자로 이루어진 말

난공불락

공격하기가 어려워 쉽사리 함락되지 않는다는 뜻으로 어떤 일을 이루기가 몹시 어려울 때 쓰는 말

난공불락

난공불락

파죽지세

대나무를 쪼개는 듯한 기세라는 뜻으로, 거칠 것 없이 맹렬하게 나아가는 모습

파죽지세

파죽지세

수어지교

매우 친밀하여 떨어질 수 없는 사이로 임금과 신하, 부부, 혹은 아주 친한 친구 사이에 쓰는 말

수어지교

수어지교

사면초가

사방이 온통 적으로 둘러싸인 상황이나 누구의 도움도 받을 수 없는 막막한 상태를 이르는 말

삼고초려

인재를 맞아들이기 위하여 참을성 있게 노력함. 중국 삼국 시대에, 촉한의 유비가 제갈량의 초옥으로 세 번이나 찾아갔다는 데서 유래한 말

조삼모사

아침에 세 개, 저녁에 네 개라는 뜻으로 당장 눈앞에 나타나는 차이만 알고 그 결과가 같은 것을 모르거나 간사한 꾀로 남을 속이는 것

괄목상대

눈을 비비고 상대를 마주한다는 뜻으로 학문이나 기술이 깜짝 놀랄 정도로 발전했음을 의미

괄목상대
괄목상대

난형난제

둘 가운데 누가 낫고 못함을 가리기 어려울 때 쓰는 말

난형난제
난형난제

도원결의

뜻이 맞는 사람끼리 하나의 목적을 이루기 위해 행동을 같이할 것을 약속한다는 의미

도원결의
도원결의

만전지책

조금도 허술하지 않은 완전한 방법을 의미

망매해갈

매실을 생각하며 갈증을 푼다는 뜻으로 상상으로 나마 마음에 위안을 얻는다는 의미

비육지탄

재능을 발휘할 때를 얻지 못하여 헛되이 시간만 보냈음을 의미하는 말

유비무환
미리 준비가 되어 있으면 걱정할 것이 없음

유비무환

다다익선
많으면 많을수록 더욱 좋음

다다익선

죽마고우
어릴 때부터 같이 놀며 자란 친구

죽마고우

속담 따라 쓰기

백지장도 맞들면 낫다.

➡ 쉬운 일이라도 협력하여 하면 훨씬 쉽다는 말이에요.

세 살 버릇 여든까지 간다.

➡ 어릴 때 몸에 밴 버릇은 늙어 죽을 때까지 고치기 힘들다는 뜻이에요.

제 버릇 개 못 준다.

➡ 사람의 나쁜 버릇(습관)은 고치기 힘들다는 뜻이에요.

개 눈에는 똥만 보인다.

➡ 어떤 것을 좋아하게 되면 모든 것이 그것과 같이만 보인다는 뜻이에요.

개 눈에는 똥만 보인다.
개 눈에는 똥만 보인다.

아는 길도 물어가라.

➡ 아무리 나에게 익숙한 일이라도, 한 번 더 확인하고 단단히 준비하라는 뜻이에요.

아는 길도 물어가라.
아는 길도 물어가라.

시작이 반이다.

➡ 무슨 일이든지 시작하기가 어렵지 일단 시작하면 일을 끝마치기는 그리 어렵지 아니하다는 뜻이에요.

시작이 반이다.
시작이 반이다.

지성이면 감천이다.

지성이면 감천이다.
지성이면 감천이다.

➡ 정성이 지극하면 하늘도 감동한다는 뜻으로, 무슨 일이든지 정성을 다하면 어려운 일도 이룰 수 있다는 뜻이에요.

자기가 남에게 말이나 행동을 좋게 하여야 남도 자기에게 좋게 한다는 말이에요.

가는 말이 고와야 오는 말이 곱다.

가는 말이 고와야 오는 말이 곱다.
가는 말이 고와야 오는 말이 곱다.

강물도 쓰면 준다.

➡ 풍부하다고 하여 함부로 마구 쓰지 말라는 말이에요.

강물도 쓰면 준다.
강물도 쓰면 준다.

가늘게 내리는 비는 조금씩 젖어 들기 때문에 옷이 젖는 줄을 깨닫지 못한다는 뜻으로, 아무리 사소한 것이라도 그것이 되풀이되면 무시하지 못할 정도로 크게 된다는 말이에요.

가랑비에 옷 젖는 줄 모른다.

가랑비에 옷 젖는 줄 모른다.
가랑비에 옷 젖는 줄 모른다.

작은 고추가 더 맵다.

➡ 몸집이 작은 사람이 큰 사람보다 재주가 뛰어나고 야무지다는 말이에요.

작은 고추가 더 맵다.
작은 고추가 더 맵다.

쥐구멍에도 볕 들 날 있다.

➡ 몹시 고생하는 날이 많아도 좋은 운수가 올 날이 있다는 말이에요.

쥐구멍에도 볕 들 날 있다.
쥐구멍에도 볕 들 날 있다.

바늘 도둑이 소도둑 된다.

➡ 작은 나쁜 짓도 자꾸 하게 되면 큰 죄를 저지르게 된다는 말이에요.

윗사람이 먼저 바르게 행동해야 아랫사람도 그 행동을 본받아 잘한다는 말이에요.

윗물이 맑아야 아랫물이 맑다.

용의 꼬리보다 닭의 머리가 낫다.

⬇ 크고 훌륭한 사람의 그늘에 있기보다는 보잘것없어도 우두머리 노릇을 하는 것이 더 낫다는 말.

여러 사람의 주장대로 배를 몰려고 하면 결국에는 배가 물로 못 가고 산으로 올라간다는 뜻으로, 여러 사람이 자기주장만 내세우면 일이 제대로 되기 어렵다는 말이에요.

사공이 많으면 배가 산으로 올라간다.

사공이 많으면 배가 산으로 올라간다.
사공이 많으면 배가 산으로 올라간다.

낫 놓고 기역 자도 모른다.

➡ 기역 자 모양으로 생긴 낫을 보면서도 기역 자를 모른다는 뜻으로, 아주 무식하다는 말이에요.

낫 놓고 기역 자도 모른다.
낫 놓고 기역 자도 모른다.

고생 끝에 낙이 온다.

➡ 어려운 일이나 고된 일을 겪은 뒤에는 반드시 즐겁고 좋은 일이 생긴다는 말이에요.

고생 끝에 낙이 온다.
고생 끝에 낙이 온다.

위인 명언 따라 쓰기

내 죽음을 적에게 알리지 마라. 이순신 장군

너 자신을 알라. 철학자 소크라테스

황금 보기를 돌같이 하라. 고려 시대 최영 장군

> 하루라도 책을 읽지 않으면 입에 가시가 돋는다.
> — 독립운동가 안중근 의사

> 나와 민족의 장래를 위해 어린이에게 10년을 투자하라.
> — 아동 문학가 방정환

> 천재는 99%의 노력과
> 1%의 영감으로 만들어진다.
>
> — 발명가 에디슨

> 장애는 불편하다.
> 하지만 불행한 것은 아니다.
>
> — 사회 사업가 헬렌 켈러

> 행복의 한쪽 문이 닫히면
> 다른 쪽 문이 열린다.
>
> — 사회 사업가 헬렌 켈러

> 가장 유능한 사람은
> 가장 배우기에 힘쓰는 사람이다.
>
> — 문학가 괴테

> 꿈을 계속 간직하고 있으면 실현할 때가 온다.
>
> — 문학가 괴테

> 세상에 태어나 학문을 하지 않으면 사람답게 될 수 없다.
>
> — 조선 시대 학자 율곡 이이

> 지금 자면 꿈을 꿀 수 있지만, 지금 공부하면 꿈을 이룰 수 있다.
>
> — 조선시대 과학자 장영실

지금 자면 꿈을 꿀 수 있지만,
지금 공부하면 꿈을 이룰 수 있다.
지금 자면 꿈을 꿀 수 있지만,
지금 공부하면 꿈을 이룰 수 있다.

멋진 명언들이야!

9. 숫자 & 알파벳 글씨 따라 쓰기

언제 어디서나 가장 많이 쓰는 글씨 중에 숫자와 알파벳을 연습을 할 거예요.
곡선이 많은 숫자와 알파벳은 최대한 매끄럽고 깔끔하게 써서 전체 모양새를 의식하며 단정하게 써야 합니다.

숫자쓰기 숫자에는 '0, 2, 3, 6, 8'처럼 둥근 곡선을 써야 하는 부분이 많아요.
각이지지 않도록 한번에 매끄럽게 그어야 예쁘게 쓸 수 있어요.
숫자도 교정틀의 기준에 맞게 연습을 해 보세요.

알파벳 쓰기 알파벳에도 'B, C, D, O, P, M'등과 같이 둥근 부분은 매끄럽게 한번에 쓰고,
세로선과 비스듬한 선은 곧고 반듯하게 그어야 해요.
교정틀에 맞게 연습해 보세요. 특히 소문자는 줄틀의 아랫선에
가지런히 맞춰 쓰면 보기에 좋아요.

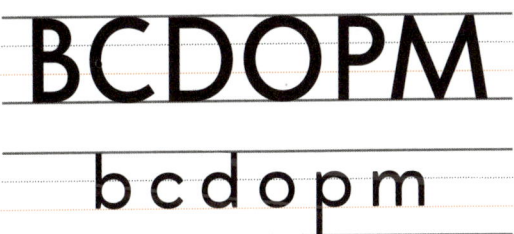

숫자 쓰기

1	1	1				
2	2	2				
3	3	3				
4	4	4				
5	5	5				
6	6	6				
7	7	7				
8	8	8				
9	9	9				
0	0	0				

10   10   10

20   20   20

30   30   30

40   40   40

50   50   50

60   60   60

70   70   70

80   80   80

90   90   90

100   100   100

알파벳 대문자 쓰기

A A A
【에이】

B B B
【비】

C C C
【씨】

D D D
【디】

E E E
【이】

F F F
【에프】

G G G
【쥐】

H H H
【에이취】

I I I
【아이】

J J J
【제이】

K K K
【케이】

L L L
【엘】

【엠】

【엔】

【오】

【피】

【큐】

【알】

S　S　S
【에스】

T　T　T
【티】

U　U　U
【유】

V　V　V
【브이】

W　W　W
【더블유】

X　X　X
【엑스】

Y Y Y

【와이】

Z Z Z

【지】

알파벳 소문자 쓰기

대문자를 써 봤으니 소문자도 써 볼까?

a a a

【에이】

b b b

【비】

c c c
【씨】

d d d
【디】

e e e
【이】

f f f
【에프】

g g g
【쥐】

h h h
【에이취】

i i i
【아이】

j j j
【제이】

k k k
【케이】

l l l
【엘】

m m m
【엠】

n n n
【엔】

o o o

【오】

p p p

【피】

q q q

【큐】

r r r

【알】

s s s

【에스】

t t t

【티】

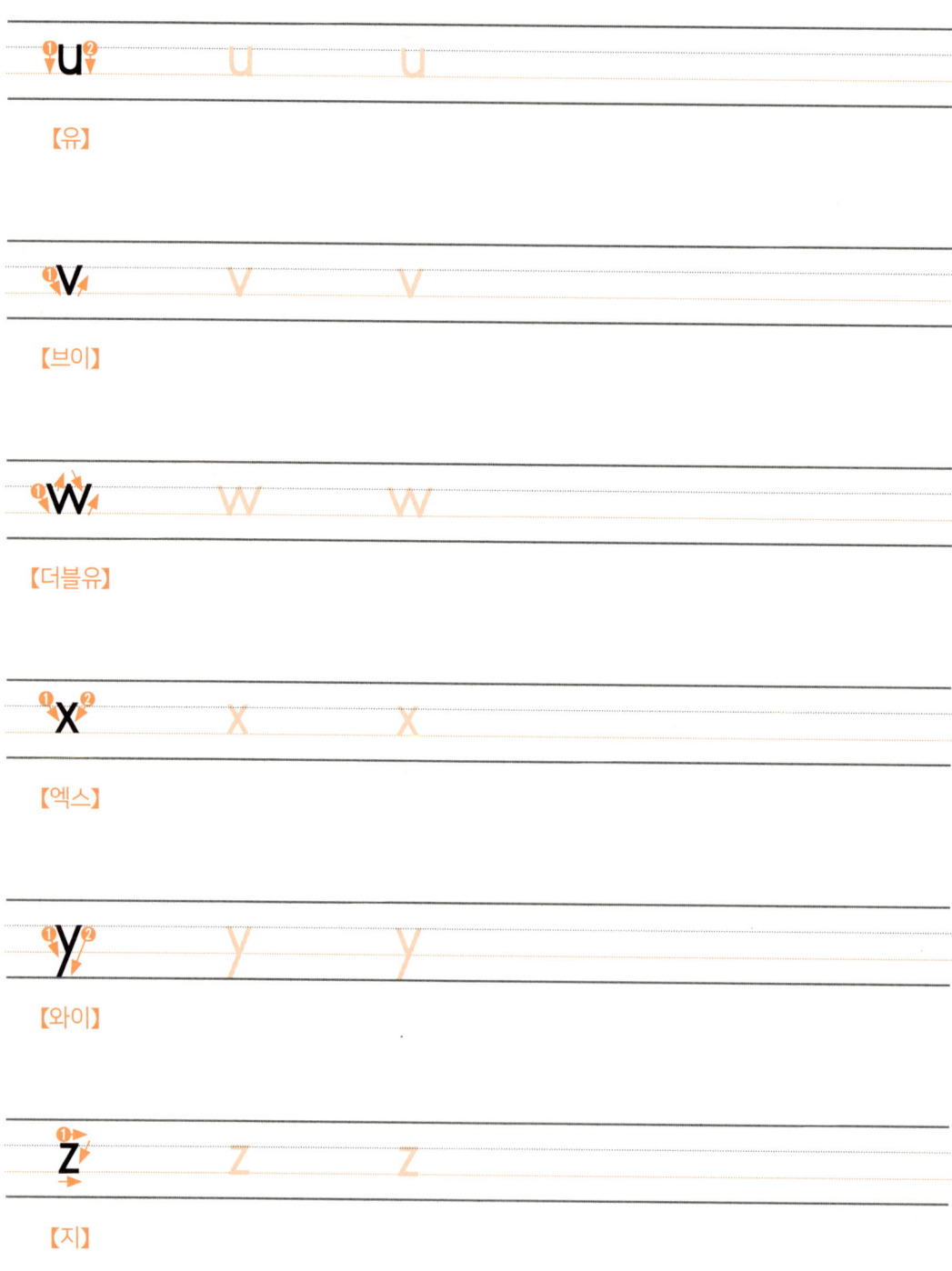

【유】

【브이】

【더블유】

【엑스】

【와이】

【지】

10. 영어 단어 쓰기

Aa 또는 Bb 로 시작하는 영단어를 따라 써 보세요.

air
공기 【에어】

apple
사과 【애플】

age
나이 【에이쥐】

bear
곰 【베어】

bed
침대 【베드】

baby
아기 【베이비】

Cc 또는 Dd 로 시작하는 영단어를 따라 써 보세요.

candy   candy   candy

사탕 【캔디】

cap   cap   cap

모자 【캡】

car   car   car

자동차 【카-】

desk   desk   desk

책상 【데스크】

dog   dog   dog

개 【도-그】

diary   diary   diary

일기 【다이어리】

Ee 또는 Ff 로 시작하는 영단어를 따라 써 보세요.

egg
달걀 【에그】

elephant
코끼리 【엘러펀트】

eye
눈 / 시력 【아이】

face
얼굴 【페이스】

family
가족 【패멀리】

fish
물고기 【피쉬】

Gg 또는 Hh 로 시작하는 영단어를 따라 써 보세요.

girl girl girl
소녀 【거-얼】

glass glass glass
유리컵 【글래스】

god god god
신, 하느님 【갇】

hair hair hair
머리카락 【헤어】

hand hand hand
손 【핸드】

happy happy happy
행복한 【해피】

Ii 또는 Jj 로 시작하는 영단어를 따라 써 보세요.

ice ice ice
얼음 【아이스】

iron iron iron
철, 철분 【아이언】

invent invent invent
발명하다 【인벤트】

job job job
일 / 직업 【잡】

jungle jungle jungle
밀림 【정글】

jump jump jump
뛰어오르다 【점프】

Kk 또는 Ll 로 시작하는 영단어를 따라 써 보세요.

key　　key　　key

열쇠 【키-】

king　　king　　king

왕 【킹】

korea　　korea　　korea

대한민국 【커리-어】

lady　　lady　　lady

숙녀 【레이디】

land　　land　　land

육지 / 땅 【랜드】

lion　　lion　　lion

사자 【라이언】

Mm 또는 Nn 로 시작하는 영단어를 따라 써 보세요.

mail
우편 【메일】

man
남자 【맨】

money
돈, 화폐 【머니】

name
이름 【네임】

net
그물 / 네트 【넷】

nose
코 【노우즈】

Oo 또는 Pp 로 시작하는 영단어를 따라 써 보세요.

oil
기름 【오일】

one
하나 【원】

orange
오렌지 【오-린쥐】

pencil
연필 【펜슬】

pet
애완동물 【펫】

park
공원 / 주차하다 【파-크】

Qq 또는 Rr 로 시작하는 영단어를 따라 써 보세요.

queen
여왕 【퀴-인】

quiet
조용한 【콰이어트】

quiz
퀴즈 【퀴-즈】

rabbit
토끼 【래빗】

radio
라디오 【레이디오우】

rain
비 【레인】

Ss 또는 Tt 로 시작하는 영단어를 따라 써 보세요.

school   school   school

학교 【스쿠울】

sea   sea   sea

바다 【씨-】

shoes   shoes   shoes

신, 구두 【슈-즈】

tea   tea   tea

홍차 【티-】

teacher   teacher   teacher

선생님 【티-쳐】

tiger   tiger   tiger

호랑이 【타이거】

Uu 또는 Vv 로 시작하는 영단어를 따라 써 보세요.

uncle   uncle   uncle

삼촌 / 아저씨 【엉클】

uniform   uniform   uniform

제복 / 군복 【유-니폼-】

up   up   up

위로 【업】

very   very   very

대단히, 매우 【베리】

video   video   video

영상, 비디오 【비디오우】

village   village   village

마을 【빌리쥐】

Ww 또는 Xx 로 시작하는 영단어를 따라 써 보세요.

war   war   war

전쟁 【워-】

watch   watch   watch

시계 【와취】

water   water   water

물 【워-터】

warm   warm   warm

따뜻한 【워-엄】

x-ray   x-ray   x-ray

엑스레이 【엑스레이】

xylophone   xylophone   xylophone

실로폰 【자일러포운】

Yy 또는 Zz 로 시작하는 영단어를 따라 써 보세요.

year   year   year

년, 해 【이어】

you   you   you

당신, 너 【유-】

yesterday   yesterday   yesterday

어제 【예스터데이】

zoo   zoo   zoo

동물원 【쥬-】

zero   zero   zero

제로, 영 【지어로우】

zebra   zebra   zebra

얼룩말 【지-브러】

11. 노래 가사 따라 쓰기

이번에는 교정틀이 없기 때문에 글자의 크기와 높이에 신경 써서 써 보세요.
글자 모양과 반듯한 선을 생각하며, 글자 간격과 줄도 잘 맞춰서 쓰도록 하세요.

한국을 빛낸 100명의 위인들

1절 아름다운 이 땅에 금수강산에
단군 할아버지가 터 잡으시고
홍익인간 뜻으로 나라 세우니
대대손손 훌륭한 인물도 많아
고구려 세운 동명왕 백제 온조왕
알에서 나온 혁거세
만주벌판 달려라 광개토대왕
신라 장군 이사부
백결 선생 떡방아 삼천궁녀 의자왕
황산벌의 계백 맞서 싸운 관창
역사는 흐른다

한국을 빛낸 100명의 위인들

아름다운 이 땅에 금수강산에
단군 할아버지가 터 잡으시고
홍익인간 뜻으로 나라 세우니
대대손손 훌륭한 인물도 많아
고구려 세운 동명왕 백제 온조왕
알에서 나온 혁거세
만주벌판 달려라 광개토대왕
신라 장군 이사부
백결 선생 떡방아 삼천궁녀 의자왕
황산벌의 계백 맞서 싸운 관창
역사는 흐른다

한국을 빛낸 100명의 위인들

2절 말 목 자른 김유신 통일 문무왕

원효대사 해골 물 혜초 천축국

바다의 왕자 장보고 발해 대조영

귀주대첩 강감찬 서희 거란족

무단 정치 정중부 화포 최무선

죽림칠현 김부식

지눌국사 조계종 의천 천태종

대마도 정벌 이종무

일편단심 정몽주 목화씨는 문익점

해동공자 최충 삼국유사 일연

역사는 흐른다

노래 가사를 익히며 써 보자!

한국을 빛낸 100명의 위인들

말 목 자른 김유신 통일 문무왕

원효대사 해골 물 혜초 천축국

바다의 왕자 장보고 발해 대조영

귀주대첩 강감찬 서희 거란족

무단 정치 정중부 화포 최무선

죽림칠현 김부식

지눌국사 조계종 의천 천태종

대마도 정벌 이종무

일편단심 정몽주 목화씨는 문익점

해동공자 최충 삼국유사 일연

역사는 흐른다

한국을 빛낸 100명의 위인들

3절 황금을 보기를 돌같이 하라

최영 장군의 말씀 받들자

황희 정승 맹사성 과학 장영실

신숙주와 한명회 역사는 안다

십만양병 이율곡 주리 이퇴계

신사임당 오죽헌

잘 싸운다 곽재우 조헌 김시민

나라 구한 이순신

태정태세문단세 사육신과 생육신

몸바쳐서 논개 행주치마 권율

역사는 흐른다

한국을 빛낸 100명의 위인들

황금을 보기를 돌같이 하라

최영 장군의 말씀 받들자

황희 정승 맹사성 과학 장영실

신숙주와 한명회 역사는 안다

십만양병 이율곡 주리 이퇴계

신사임당 오죽헌

잘 싸운다 곽재우 조헌 김시민

나라 구한 이순신

태정태세문단세 사육신과 생육신

몸바쳐서 논개 행주치마 권율

역사는 흐른다

한국을 빛낸 100명의 위인들

4절 번쩍번쩍 홍길동 의적 임꺽정
대쪽같은 삼학사 어사 박문수
삼 년 공부 한석봉 단원 풍속도
방랑 시인 김삿갓 지도 김정호
영조 대왕 신문고 정조 규장각
목민심서 정약용
녹두 장군 전봉준 순교 김대건
서화가무 황진이
못살겠다 홍경래 삼일천하 김옥균
안중근은 애국 이완용은 매국
역사는 흐른다

한국을 빛낸 100명의 위인들

번쩍번쩍 홍길동 의적 임꺽정

대쪽같은 삼학사 어사 박문수

삼 년 공부 한석봉 단원 풍속도

방랑 시인 김삿갓 지도 김정호

영조 대왕 신문고 정조 규장각

목민심서 정약용

녹두 장군 전봉준 순교 김대건

서화가무 황진이

못살겠다 홍경래 삼일천하 김옥균

안중근은 애국 이완용은 매국

역사는 흐른다

한국을 빛낸 100명의 위인들

5절 별 헤는 밤 윤동주 종두 지석영

삼십삼인 손병희

만세 만세 유관순 도산 안창호

어린이날 방정환

이수일과 심순애 장군의 아들 김두한

날자꾸나 이상 황소 그림 중섭

역사는 흐른다

한국을 빛낸 100명의 위인들

별 헤는 밤 윤동주 종두 지석영

삼십삼인 손병희

만세 만세 유관순 도산 안창호

어린이날 방정환

이수일과 심순애 장군의 아들 김두한

날자꾸나 이상 황소 그림 중섭

역사는 흐른다

12. 가로세로 낱말 퍼즐

좋은 글씨는 빠르게 쓰는 것보다 천천히 바르게 쓰는 습관을 갖는 게 좋아요.
예쁜 글씨로 가로세로 낱말 퍼즐을 풀어보세요.

역사 속 인물 알아맞히기-1

가로열쇠

❶ 외적의 침입에 대비해 군사력을 키워야 한다는 십만양병설을 주장. 오천 원짜리 지폐 인물.

❷ 율곡 이이의 어머니로 유명하며 조선의 대표적 여성 화가입니다.

❹ 목민심서. 조선 후기의 실학자로 거중기를 발명했습니다.

❻ 백제 장수. 황산벌 전투.

세로열쇠

❶ 거북선. 백 원짜리 동전 인물.

❸ 백성들이 힘든 시기에 나타난 의로운 의적.

❺ 조선을 세운 첫 번째 왕 이름. '함흥차사'

내 죽음을 알리지 말라!

날짜 _____ 빈칸 개수 _____

	1				
	2		3		
5					
			4		
6					

역사 속 인물 알아맞히기-2

가로열쇠

❷ 삼국시대. 고구려의 19대 왕으로 땅따먹기 대장.

❹ 3·1 운동 때 순국한 대표적 여성 열사.

❻ '씨 없는 수박'하면 대다수의 사람들이 이분을 떠올릴 것이에요.

세로열쇠

❶ 조선시대에 한글을 만든 왕입니다. 만 원짜리 지폐 인물.

❸ 진주성을 침략한 일본군 장수를 끌어안고 남강에 투신한 의로운 여인이다.

❺ 삼국지. 유비, ○○, 장비

100명의 위인들 노래

날짜 ~~~~~~~~~~~~~~~ 빈칸 개수 ~~~~~~~~~~

			1		
	3				
2					
4	5				
	6				

정답 1

	이	율	곡		
	순				
	신	사	임	당	
이			꺽		
성			정	약	용
계	백				

정답 2

			세		
		논	종		
	광	개	토	대	왕
			왕		
	유	관	순		
		우	장	춘	

글씨 연습을 많이 해서 좋아졌나요?
자신의 물건에 이름을 쓸 때가 있으니 미리 연습해 보세요.

 이름 쓰기

 참 잘했어요!